BLOKKLÁNC:
VALÓS ALKALMAZÁSOK
ÉS MŰKÖDÉSÜK

Hogyan alkalmazható a Blokklánc
az Ön világában

Wayne Walker

Ez a könyv azzal a céllal íródott, hogy a lehető legpontosabb és legmegbízhatóbb információkat nyújtsa. Szükség esetén szakemberekkel kell konzultálni, mielőtt az itt javasoltakra vállalkoznánk.

Ezt a nyilatkozatot mind az Amerikai Ügyvédi Kamara, mind a Kiadói Szövetség Bizottsága tisztességesnek és érvényesnek tartja, és jogilag kötelező érvényű az Egyesült Államok egész területén.

Továbbá az alábbi művek bármelyikének továbbítása, sokszorosítása vagy reprodukálása, beleértve a pontos információkat is, illegális cselekménynek minősül, függetlenül attól, hogy elektronikusan vagy nyomtatásban történik. A jogszerűség kiterjed a mű másod- vagy harmadpéldányának vagy rögzített másolatának elkészítésére is, és csak a Kiadó kifejezett írásbeli hozzájárulásával engedélyezett. Minden további jog fenntartva.

Az alábbi oldalakon található információk a tények valósághű és pontos bemutatásának tekinthetők, és mint ilyen, a kérdéses információknak az olvasó általi figyelmen kívül hagyása, felhasználása vagy helytelen felhasználása az ebből eredő bármilyen cselekményt kizárólag az ő felelősségük alá vonja. Nincsenek olyan esetek, amelyekben a kiadó vagy e mű szerzője bármilyen módon felelősnek tekinthető bármilyen nehézségért vagy kárért, amely az itt leírt információk vállalása után érheti őket.

TARTALOMJEGYZÉK

MI AZ A BLOKKLÁNC?

Az első blokkláncot 2008-ban Satoshi Nakamoto tervezte, aki egy fehér lapon mutatta be az ötletet a Bitcoinnal. A Bitcoin volt a technológia első megvalósítása. A blokklánc az elosztott főkönyvi technológia (DLT) egy *típusa*. Az elosztott főkönyv replikált, megosztott és szinkronizált adatok, amelyek földrajzilag telephelyek, intézmények vagy országok között vannak elosztva. Már az elején fontos megjegyezni, hogy az *elosztott főkönyveknek nincs központi rendszergazdájuk.* A DLT a Bitcoin és más kriptovaluták mögöttes technológiája.

Különböző eszközök különböző embereknek

A kriptovaluták a legkevésbé fontosak egy blokklánc specialista számára, mert ennél sokkal többet tud! Ami azt illeti, néhány blokkláncos, ahogy én szeretem őket hívni, néha bosszankodik, ha a rendezvényeiken felhozzuk a kriptovaluták témáját.

A kriptórajongók számára a blokklánc a digitális valuták technikai gerince. A fejlesztők az adatok elosztott hálózaton történő tárolására használják, a futuristák számára pedig a decentralizált társadalom megteremtésének eszköze.

Blokklánc építőelemek

A főkönyv minden egyes blokkja egy hash-nak nevezett kriptográfiai algoritmus segítségével kapcsolódik az előző blokkhoz. Az összekapcsolt blokkok láncot alkotnak, innen ered a „blokklánc" kifejezés.

A blokklánc egyfajta adatbázis, amely elosztott, és konszenzusos alapon működik. A hálózatban lévő számítógépek, az úgynevezett csomópontok érvényesítik a tranzakciókat, és hozzáadják azokat a blokklánchoz. Mivel nincs központi forrás a változások ellenőrzésére, egy elosztott konszenzus algoritmust használnak a csomópontok közötti megállapodás létrehozására, hogy minden egyes főkönyvbe ugyanaz a bejegyzés kerüljön.

Decentralizáció: A blokkláncon belül minden fél hozzáfér a teljes adatbázishoz és annak teljes történetéhez. Minden fél közvetítő nélkül tudja hitelesíteni partnerei bejegyzéseit.

Megváltoztathatatlanság: Minden blokk rendelkezik időbélyegzővel és az előző blokkhoz való kapcsolattal. A blokkok ellenállnak a módosításoknak. A rögzítés után a blokkok adatai visszamenőleg nem módosíthatók az összes későbbi blokk módosítása nélkül. Algoritmusokat alkalmaznak annak biztosítására, hogy az adatbázisban történő rögzítés állandó legyen.

Peer-2-Peer (P2P) átvitel: A kommunikáció közvetlenül a felek között történik, központi csomópont nélkül.

Programozható: A tranzakciók programozhatók. A felhasználók beállíthatnak olyan algoritmusokat és szabályokat, amelyek automatikusan kiváltják a csomópontok közötti tranzakciókat.

Menjünk bele a technikai részletekbe

Egy blokk tartalmazza az adatokat, a saját hash-jét és az előző blokk hash-jét. Most menjünk egy kicsit mélyebbre a magyarázatban:

Adatok: A tárolt adatok a blokk típusától függnek. Például egy kriptovaluta esetében tartalmazhat információt a feladóról, a címzettről és a tranzakció összegéről.

Saját hash: A blokk létrehozása után a hash kiszámításra kerül. A hash egyedi, gyakorlatilag ez a blokk ujjlenyomata. Azonosítja mind a blokkot, mind annak tartalmát.

Hash: Az előző blokk Hash-je.

Egy példa: A 4. blokk két hash-sel rendelkezik, a sajátjával, és a 3. blokk hash-jével. Csak az 1-es blokknak nincs korábbi hash-je, és ez az úgynevezett Genesis blokk. Ha megváltoztatjuk a 3. blokk hash-jét, az összes következő blokk érvénytelen lesz, mivel a 4. blokk már rendelkezik az előző blokk (3. blokk) helyes hash-jével. Ezért a 3. blokk után az összes többi blokk érvénytelen lesz.

Az elosztott P2P-hálózat: Ha megváltoztatjuk a 3. blokk hash-jét, amikor elküldjük a hálózatnak, a többi csomópont elutasítja (mert megváltoztatták).

A sikeres manipuláláshoz az összes blokkot meg kell változtatni. Meg kell változtatni az egyes blokkok Proof-of-Work-jét, hogy átvegye az irányítást a P2P-hálózat 51%-a felett. *Proof-of-Work: Lassítja az új blokkok létrehozását.

Proof-of-Work: A konszenzus létrehozásának leggyakrabban használt módszere. A Proof-of-Work konszenzus megköveteli, hogy minden egyes csomópont egy rendkívül összetett egyenletet oldjon meg az egyes blokkok befejezéséhez. Az egyenlet bonyolultságának lényege, hogy minden egyes csomópontot arra kényszerít, hogy jelentős mennyiségű feldolgozási teljesítményt és villamos energiát használjon fel a megoldáshoz. A bővebb definíciót a könyv későbbi részében a "Blokklánc szótár" című fejezetben mutatjuk be.

A blokkláncok típusai

Az első egy engedély nélküli vagy nyilvános blokklánc, ami azt jelenti, hogy bárki hozzáférhet. A következő az ún. "permissioned", vagyis engedélyezett, ami egy privát típus. Ez a csomópontok zárt hálózata, és csak a tranzakciók szempontjából releváns személyek férhetnek hozzá. Ez a legjobb a kormányok, kórházak, biztosítók stb. számára. Létezik egy hibrid blokklánc is, ahol bárki hozzáférhet, de nem mindenki végezhet frissítéseket. Egy másik hibrid változat lehet, hogy egyes adatok a nyilvánosság számára olvashatóak, mások nem.

Tartsa szem előtt

A blokklánc a legjobban az alacsony bizalmi szintű környezetben működik. Ezek olyan helyzetek, ahol a résztvevők nem tudnak közvetlenül egymással üzletelni, vagy nincs megbízható közvetítő.

A blokklánc ellenőrzi, de NEM érvényesíti az adatokat, ezért a bekerült hamis információt azonnal ki is szűri, amennyiben hamis adatok kerülhettek be, ez vonatkozik a láncon kívüli adatokra is. Csak annyira erős, mint a leggyengébb láncszem, például ha az adatokat regisztráló érzékelők hibásak, akkor a blokklánc is hibás.

Az embereknek azt sem szabad elfelejteniük, hogy a technológia nagy része első világbeli országból való, tehát nem mindenki számára készült, és nem tud minden problémát megoldani. A technológiai és az emberi rendszereket össze kell hangolni.

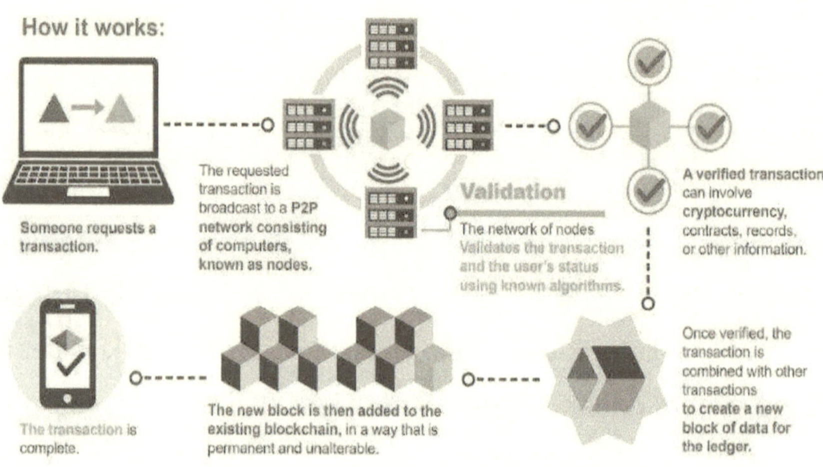

Egy alapvető Blokklánc hálózat

SZÜKSÉGE VAN A BLOKKLÁNCRA?

A blokklánc technológia körüli felesleges felhajtás csökkentésére tett erőfeszítéseim során áttekintjük azokat a kérdéseket, amelyekre választ kell adni egy hálózat létrehozása előtt.

Valószínűsíthető-e, hogy az érintett adatbázist megtámadják, vagy szükség van redundáns másolatokra több elosztott számítógépen → Ha igen, akkor lehetséges, hogy szükség van blokkláncra. Ha nem, akkor nincs szükség blokkláncra.

Egynél több résztvevőnek kell frissítenie az adatokat? Ha igen, akkor lehetséges, hogy szükség van egy blokkláncra. Ha azonban megbíznak egymásban, akkor nem. Ha egy harmadik félben bíznának, akkor szintén nem.

Szükség van-e az adatok bizalmas kezelésére? Igen, akkor szükség van a blokkláncra.

Szüksége van arra, hogy ellenőrizze, ki módosíthatja a blokkláncot? Ha igen, akkor lehet, hogy engedélyekkel rendelkező blokkláncra van szüksége.

Ha az előző két kérdésre nemleges választ adunk, akkor lehetséges, hogy egy nyilvános blokkláncra van szüksége.

Mielőtt felszállna a blokklánc vonatra

Mielőtt elindítana egy blokkláncprojektet, meg kell vizsgálnia, hogy a saját vagy valamilyen hagyományos adatbázis-technológia megfelel-e az igényeinek. Lényeges tisztázni, hogy a probléma megköveteli-e a blokklánc-technológiát, ahelyett, hogy blokkláncot indítana, majd megpróbálná megnézni, hogy van-e valami haszna.

A blokkláncra vonatkozó minden üzleti érvnek figyelembe kell vennie a tárhelyen, licencelésen és megvalósításon túli potenciális költségeket is. A drámai költségmegtakarítási előrejelzések nagy része, különösen a pénzügyi szektorban a régi rendszerek lecserélésével, nem valószínű, hogy az előre jelzett szinteken fog megvalósulni. A túlzott népszerűsítés, vagyis hype gyakran nem veszi kellőképpen figyelembe a jövőbeli energia- és tárolási költségeket. Az energiaköltségek a tranzakciók mennyiségének növekedésével jelentősen emelkedhetnek. A megnövekedett tárolási költségek abból adódnak, hogy minden egyes csomópontnak a blokklánc kezdetétől fogva minden tranzakciót tartalmazó főkönyvet vezetnie kell. A technikai szempontok mellett a blokkláncra vonatkozó munkavállalói oktatást és a gyakorlati alkalmazkodást is be kell építeni a stratégiába.

BLOKKLÁNCBA TÖRTÉNŐ BEFEKTETÉSEK SZEKTOROK SZERINT

A blokklánc még viszonylag fiatal technológia. A legtöbb rövid távú érték a költségcsökkentésben rejlik majd. A vendéglátás, az autóipar és a pénzügyi szolgáltatások a korai alkalmazók közé tartoznak. Csak a pénzügyi szolgáltatások terén eddig több mint 90 nagybank az Egyesült Államokban, Kanadában és Európában már teszteli a blokklánc-megoldásokat.

A legnagyobb pénzügyi cégek, mint a Citi és a Bank of America, a piac bizonyos szegmenseinek meghódítása érdekében szabadalmak megszerzésével foglalatoskodnak. A szegmensek közé tartoznak az átutalások, a fizetési rendszerek és még a saját kriptovalutáik is.

Gyakorlati alkalmazások és valós felhasználás

- New York Interactive Advertising Exchange (NYIAX): A blokkláncot használja arra, hogy hirdetési piacteret biztosítson a kiadók számára.

- Maersk: A tengeri logisztika blokklánc-alapú projektjei a lehetséges költségmegtakarítások feltárására irányulnak. Ennek oka a fuvarokmányok ellenőrzésének költségei, amelyek néha drágábbak, mint a szállítás. Ez a költséges folyamat több mint 200 személyt érint, amely magában foglalja az ügynököket, kormánytisztviselőket és ügynökségeket.

- DeBeers: A technológiát a gyémántok importjának és értékesítésének nyomon követésére használja.

- Essentia: Az utasok adatainak tárolására használ blokkláncot Hollandiában.

Nem olyan szűz

Az élelmiszerbiztonság és a nyomon követhetőség minden ország számára fontos téma. Létezik a "farmtól a villáig" folyamat, ahol az élelmiszereket nyomon követik a termeléstől-> a forgalmazáson keresztül-> a kiskereskedőkig. Például a blokklánc technológiával, ha valamilyen termék szennyezett, akkor most már meg lehet semmisíteni bizonyos tételeket, és nem minden terméket, ami eddig a szokásos gyakorlat volt.

A technológia a hamisított és módosított élelmiszerek visszaszorítására is felhasználható. A történet, amely a leginkább felkeltette a figyelmemet, az volt, hogy Európában több extra szűz olívaolaj van a kínálatban, mint amennyit ténylegesen megtermelnek. Hogyan lehetséges ez? Mert a hamisított extra szűz olívaolaj ugyanolyan jövedelmező, mint az illegális kábítószer-kereskedelem, de kockázat nélkül. A dán élelmiszerbiztonsági csoport 2015-ös szúrópróbaszerű ellenőrzése során egy 35 palackos, extra szűz címkével ellátott ládában csak 6 volt extra szűz, 12 pedig annyira rossz, hogy nem lehetett volna eladni a nyilvánosságnak. A több lehetséges magyarázat közül az egyik, hogy az egész a forgalmazoval kezdődött, aki igazolta, hogy egy beszállító "megbízható". A beszállító általában az első néhány szállítmányt a megállapodásnak megfelelően szállítja, majd a nyereség növelése érdekében elkezd hamisítványokat csúsztatni a további szállítmányokba.

Ez nem csak Dániára vagy az olívaolajra jellemző, sajnos más országokban és más termékekkel is előfordul. Amikor olvastam erről az esetről, és tovább kutattam, megdöbbenve tapasztaltam, hogy a piacon kapható extra szűz olívaolajok nagy része nem extra szűz, és nem is abból az országból származik, amelyik a palack címkéjén szerepel. Azok számára, akik mélyebben el akarnak merülni, rengeteg történet és forrás található az interneten, amelyeknek utána lehet járni.

Blokklánc és ingatlanok

Az ingatlanipar is az egyik olyan terület, amely nagy figyelmet kap a blokklánc-szakértők részéről. Az otthonvásárlás világszerte sok ember számára a felnőtté válás rítusának számít, és a blokklánc új módot kínál ennek megvalósítására. A technológia segítségével egy biztonságos és törvényes folyamat keretében lehet átruházni az ingatlant egy másik félre.

A jelenlegi ingatlanpiac küzd a hamis hirdetések, az okirat-hamisítás és a bérleti csalások problémáival. A lakáseladási folyamat nehézkes, és nem éppen a gyorsaságáról híres. Az intelligens szerződésekkel a dokumentumok és a szerződések egy blokklánchoz kapcsolódnak. Ezek a nyilvántartások megváltoztathatatlanok, állandóak és átláthatóak. Ez magában foglal egy olyan könyvelési rendszert, ahol a tranzakciókat automatikusan rögzítik és kiegyenlítik, a manipulációtól való félelem nélkül. Minden magánszemély vagy vállalat rendelkezik majd egy biztonságos elektronikus nyilvántartással, amely minden részletet tartalmaz. Ez segíteni fog abban, hogy az ingatlancsalás és a papíralapú okiratok a múlté legyenek.

Mini esettanulmány

A könyvvel kapcsolatos kutatásom során rábukkantam egy New York-i cégre, amely a pénzügyi szektor kiszolgálására tervezett innovatív platformmal rendelkezik. A platform piactérként szolgál a bankok számára, hogy ingatlanjaikat közvetlenül a lakásvásárlóknak és a fejlesztőknek mutassák be és adják el. Az ingatlanok eladása digitálisan történik, mindezt intelligens szerződésekkel kezdeményezve és egy privát blokkláncra rögzítve.

A platform előre beállított dokumentumokat és szerződéseket mutat be elektronikus aláírásra, ami minimalizálja az oda-vissza nyomon követést, és egyszerűsíti az aláírási folyamatot a bankok és a lakásvásárlók számára. Minden dokumentumot a blokkláncon rögzítenek és követnek nyomon. A felhasználók böngészhetnek a profilok között, és közvetlenül kapcsolatba léphetnek az ingatlanközvetítőkkel, ügynökökkel, ügyvédekkel, ellenőrökkel és más szakemberekkel.

A platform néhány híres fizetési rendszerhez, például a PayPal-hoz hasonlóan online fizetéseket és tranzakciókat dolgoz fel. Az ingatlanszolgáltatásokért és ingatlanvásárlásokért történő fizetéseket okosszerződések hajtják végre, majd a blokkláncukon rögzítik és követik őket nyomon.

A felhasználók naprakész alaprajzokat, ingatlanfotókat, 3D-s sétákat, digitális videókat és drónfelvételeket is megtekinthetnek az ingatlanokról. Emellett biztonságos online pénztárcát is kapnak. A platformon tárolhatnak, fogadhatnak vagy küldhetnek digitális fizetéseket más felhasználóknak, és igen, minden kifizetést a privát blokkláncukon rögzítenek és követnek nyomon.

Nyilvánvaló, hogy nem ez az egyetlen cég ebben az ágazatban. Kutatásaim alapján, és amit bárki megerősíthet egy egyszerű internetes kereséssel, az az, hogy számos cég vizsgálja a blokklánc ingatlanpiaci lehetőségeit. Megjósolom, hogy a blokklánc technológia gyakorlati alkalmazásait kereső iparágak közül az ingatlan lesz az egyik legkönnyebb találat.

BLOKKLÁNC MINT SZOLGÁLTATÁS (BAAS)

A BaaS lehetőséget nyújt a vállalatoknak arra, hogy a blokklánc technológiát a saját fejlesztéssel járó teljes pénzügyi vagy szervezeti kockázat nélkül teszteljék. A szervezetek a bevezetés előtt kiértékelhetik a technológiát a saját igényeiknek megfelelően. A Microsoft Azure és az IBM Hyperledger a két legismertebb BaaS-példa.

A fejlesztők is elfoglaltak saját decentralizált alkalmazásaik létrehozásával olyan platformokon, mint az Ethereum. Mások a platformokat használják a letéti okos szerződések létrehozására. Ezek a különböző platformlehetőségek lehetőséget adnak a fejlesztőcsapatoknak arra is, hogy saját tokeneket hozzanak létre és használjanak, amelyek lehetővé teszik számukra az ICO-k megtartását.

Saját blokkláncot építeni?

Az Ethereum lehetővé teszi, hogy saját tesztblokklánc-hálózatot, egy demóverziót hozzon létre. Ez megegyezik a fő Ethereum-lánccal, azzal a különbséggel, hogy a tranzakciók és az okos szerződések ezen a hálózaton csak a hozzá csatlakozó csomópontok számára érhetőek el.

Ahhoz, hogy az Ethereum-hálózat csomópontjává váljon, a számítógépnek le kell töltenie és frissítenie kell a teljes Ethereum blokklánc egy példányát. A hálózattal való interakcióhoz letölthető eszközöket is biztosítanak. Ezek az Eth és a Geth.

A tesztblokklánc felállítása után valódi Ether nélkül is építhet okosszerződéseket, végezhet tranzakciókat és akár elosztott alkalmazásokat is. A kezdéshez létrehozhat néhány hamis Ether-t, hozzáadhatja a számlájához, majd tranzakciókat hajthat végre vele.

INTELLIGENS SZERZŐDÉSEK

Az intelligens szerződés egy digitálisan végrehajtható szerződés és számítógépes program, amelyet egy blokkláncban tárolnak. Ez a blokkláncok következő generációja, vagy ahogy egyesek leírják, evolúciója. A blokkláncot az elosztott főkönyvek rendszeréből egy újfajta tárolási, átviteli és kommunikációs móddá alakítja át a hálózat részei között.

A megállapodás vagy művelet feltételei kódsorokba vannak foglalva, amelyek bizonyos események hatására végrehajtódnak. A szerződések felhasználhatók a hálózaton végzett alapvető műveletek automatizálására, így nincs szükség megbízható harmadik félre.

Egy intelligens szerződés lehetővé teheti, hogy egy bizonyos időpontban Ether-t küldjön, hasonlóan a közvetlen kifizetéshez, azzal a különbséggel, hogy ez automatizált és átlátható. A felhasználó létrehoz egy szerződést, és ezt követően elegendő Ether-t ad hozzá a parancs végrehajtásához. Ezután minden egyes, a szerződésen keresztül végrehajtott tranzakciót rögzítenek és frissítenek a blokkláncon.

Megjegyzés: Az Ether az Ethereum blokklánc natív pénzneme.

Platform és nyelv

Az Ethereumot az intelligens szerződések támogatására tervezték és hozták létre. Az Ethereum Virtual Machine (EVM) futtatja a szerződéseket. Ez az Ethereum platform része, amely az EVM-ből és az Ethereum blokkláncból áll.

A használt programozási nyelv a Soliditym, amely JavaScript néhány szabályát és alapelvét (szintaxisát) hsználja. Az Ethereum szerencsésen vonzotta a fejlesztők és vállalkozások széles közösségét, akik decentralizált alkalmazások építésével fejlesztették a hálózat kapacitását.

Intelligens szerződések: Jogilag végrehajtható?

Jelenleg ezek jogilag nem végrehajthatóak, a kód nem törvény, de ez a jövőben változhat. Mint tudjuk, az emberek általában úgy gondolnak a szerződésekre, mint jogilag kikényszeríthető megállapodásokra. Az intelligens szerződéseket nem arra szánták, hogy jogilag kikényszeríthetők legyenek. Jogellenes szerződést sem lehet kötni. Például egy illegális cselekmény elkövetésére vonatkozó szerződés nem érvényes és nem végrehajtható.

Ne feledje, hogy a szerződéseknek szükségük van partnerekre, az intelligens szerződéseknek nincs. Ha a dolgok nem a tervek szerint alakulnak, kit perelhet be? A hálózatot? A hálózati bányászokat? Azt a személyt vagy csapatot, aki a kódot írta? Egy tárca címének azonosítása a blokkláncon nem a legkönnyebb feladat. Egy intelligens szerződés nem garantálja, hogy ki tudja kideríteni, ki használta a megállapodását. Pert kell indítani egy személy ellen. Ha nem tudja, hogy ki a másik fél, akkor nincs per. Nem lehet "senkit" bíróság elé állítani.

Mi történik, ha hibák vannak a kódban, és így az nyitva áll a rosszindulatú felhasználás előtt, vagy ha a tranzakciókat visszafordítani vagy módosítani kell? Az intelligens szerződések nem kezelik a kétértelműséget vagy a bizonytalanságot, ami egyes cinikusokat arra késztet, hogy panaszkodjanak: "akkor nem is olyan okosak. " A valóság az, hogy a programozóktól nem lehet elvárni, hogy minden eshetőségre felkészüljenek. A végrehajtás megváltoztathatatlan módszere azt is biztosítja, hogy ha egyszer minden fél belépett egy intelligens szerződésbe, akkor az minden más tényezőtől <u>függetlenül</u> teljesülni fog.

Intelligens szerződések: DAO

Elosztott autonóm szervezet (DAO): A valós világ rendetlensége. Az eddigi legnagyobb okosszerződés, egy befektetési eszköz, amely lehetővé tette a tagok számára, hogy privát kriptográfiai kulcsaik segítségével szavazzanak arról, hogy az alap mibe fektessen be. Nincsenek ügyvédek, nincsenek kezelési díjak. A DAO-val büszkélkedtek, hogy "megszünteti az igazgatók és az alapkezelők azon képességét, hogy elpazarolják a befektetői pénzeket. "

Egy szoftverhiba miatt a DAO megszavazta, hogy 50 millió dollárt fektessenek be a tagok pénzéből egy olyan járműbe, amelyet olyan programozók irányítanak, akik felfedezték a szoftver gyenge pontjait. Egyesek szerint ez egy hackelés volt, mert a szoftver nem a tervezett módon működött, mások nem értettek egyet, mondván, hogy a szoftver önállóan hozta meg a döntéseket, és ha valaki nem értette, hogyan működik, nem kellett volna csatlakoznia.

A tagok végignézték, ahogy a támadók elszívják a pénzt, és tehetetlenek voltak, hogy ezt megakadályozzák. Végül az emberek megszavazták a szoftverszerződés módosítását, és az Ethereum vezető kódolói visszafordították a tranzakciótörténetet, és a pénzt visszaszolgáltatták az eredeti tulajdonosoknak.

INTELLIGENS SZERZŐDÉSEK: A "VISSZAVONÁS" SZABÁLY

Hogyan szolgáltatnak igazságot egy hiba után? Az okos törvények emberi logikát integrálnak az adott helyzetbe. Ez a jelenlegi jog kombinációja, amelyet elosztott főkönyvi technológiával kevernek, hogy igazságot szolgáltassanak. Egy hálózat rendelkezhet "visszavonási" szabállyal, hogy végrehajtáskor bármilyen digitális eszközt képes legyen átvinni egyik számláról a másikra. A forgatókönyv lehet, hogy a törvénynek van egy olyan szakasza, ahol egy tagot kiválasztanak, és felhatalmazzák, hogy elindítsa a speciális "visszavonó" törvényt, amely befagyasztja a pénzeszközöket. Ezt egy algoritmussal lehet megtenni. Ez elméletileg csökkentené az eszközök ellopására való ösztönzést, mivel azokat később be lehet fagyasztani és vissza lehet juttatni az áldozat számlájára.

A tagoknak azt is figyelembe kell venniük, hogy a végrehajtó hibát követhet el a számla befagyasztására vonatkozó döntés végrehajtásakor. A hálózatnak ekkor el kell döntenie, hogy a tétlenség következményeihez képest a szerződés véletlen leállításához vezető hiba elfogadható kisebbik rossz-e a két rossz közül.

MI AZ AZ ICO?

Egy nemrégiben készült felmérés szerint az amerikai felnőttek többsége nem tudta, mi az az ICO, és a jelenlegi környezetet tekintve ez érthető. Ebben a fejezetben tisztázzuk a dolgokat.

Az Initial Coin Offering (ICO) hasonló az IPO-hoz (Initial Public Offering). Az IPO-k során a befektetőket arra kérik, hogy vásároljanak részvényeket egy vállalatból, hogy a vállalat tőkét gyűjtsön. Az ICO-k esetében azonban a befektetők megvásárolják a mögöttes kriptotokeneket, és a fizetést Bitcoin vagy Ether használatával teljesítik.

Az első ICO a MasterCoin projekt volt 2013-ban, amelyet J R Willet készített. Ez 500 000 dollárt gyűjtött össze 5000 bitcoin formájában. A befektetők MasterCoint vásároltak Bitcoinért cserébe. A MasterCoin által 2013-ban gyűjtött 5000 bitcoin 2018 júniusában körülbelül 41 millió dollárt ért.

Az ICO-k népszerűek, és egyelőre úgy tűnik, hogy a szabályozók egy lépéssel lemaradtak az akcióban. A felzárkózás érdekében több ország is korlátozta állampolgárai részvételét. Ez megvédi az embereket egyes ICO-csalásoktól, de megakadályozza őket abban is, hogy potenciálisan jövedelmező lehetőségekben vegyenek részt.

Jelenleg a könnyű pénzszerzés napjai elmúltak. Az, hogy csak egy fehér könyvvel, pénzügyi kimutatások vagy a vállalat létezésének bizonyítéka nélkül várjuk, hogy a pénz majd be fog folyni, már a múlté. 2018-tól kezdve nehezebb pénzt szerezni, de ha a projekt jó, akkor többet kapunk érte. 2018 első 4 hónapjában több pénz, 9 milliárd dollárnyi forrás gyűlt össze, mint 2017-ben összesen 6,1 milliárd dollárnyi.

Különleges szabályok az USA-ban

Az ICO-kon keresztül történő pénzgyűjtés az Egyesült Államokban az USA-ra jellemző szabályozásokkal jár. Az egyik a Reg D 506(c), amelynek viszonylag könnyű és gyors megfelelni. Nincs felső határ a felvehető összegre vonatkozóan; be kell nyújtani a D forma-nyomtatványt. A hátránya, hogy csak akkreditált befektetőktől lehet pénzt gyűjteni. Az akkreditált befektető olyan személy, aki legalább évi 200 000 dollárt keres, vagy legalább egymillió amerikai dollár vagyonnal rendelkezik az elsődleges lakóhelyén kívül.

A másik szabályozás a Reg A, legfeljebb 50 millió dollárt lehet felvenni, az ügyletet meg lehet hirdetni vagy forgalmazni, és világszerte bárki befektethet, aki elmúlt 18 éves. Ez költséges és időigényes, és a SEC-hez is be kell nyújtani, valamint 2 év auditált pénzügyi beszámolót igényel.

Mindkét szabályozás oda vezetett, hogy egyes projektek megkerülték az Egyesült Államokat, és más, enyhébb szabályokkal rendelkező országokba mentek.

Az ICO-k és a hagyományos finanszírozás összehasonlítása

Az ICO-k világszerte többnyire szabályozatlanok. Az Egyesült Államokban az Értékpapír- és Tőzsdefelügyelet (SEC) reagált, és sokukat értékpapírnak tekinti. Az ICO-k átmennek a Howey-teszten, és ez azt jelenti, hogy az értékpapír-szabályozás alkalmazandó.

A hagyományos finanszírozás során Ön azért fizet, hogy egy vállalat bizonyos százalékát birtokolhassa. A tulajdoni hányad állandó, és a befizetett dollárösszeg is állandó. A tőzsdei bevezetéshez a vállalatnak meg kell felelnie egy sor követelménynek, amelyek közé tartozik a nyereségküszöb, a számlák ellenőrzése, a minimális piaci kapitalizáció stb.

Az ICO-k világában a tulajdonosok nehézkes részvényesi megállapodások nélkül gyűjthetnek forrásokat. Amikor Bitcoinhoz vagy Etherhez jutnak, a vállalat nem mond le a saját tőkéről a befektetett összegért cserébe. Ön csak a cég technológiájának vagy projektjének fejlesztésébe fektet be, de nem a cégbe. Hogy nagyon egyértelmű legyen, nincs tulajdonrésze magában a cégben.

A cserében kapott Bitcoin vagy Ether dollárértéke nőhet, de természetesen csökkenhet is. Ha például egy ICO szeptemberben 5 millió dollárnyi bitcoint gyűjt, akkor az összegyűjtött összeg decemberben már 8 millió dollárt érhet.

TOKEN EVOLÚCIÓ

A tokent ICO-n keresztül indítják el. A befektetők számára Bitcoinért vagy Etherért cserébe bocsátják ki. Az ICO után a nyilvánosság ugyanúgy megvásárolhatja, eladhatja vagy tarthatja a tokeneket, mint egy részvényt. A befektetők abban reménykednek, hogy a tokenek értéke eléggé megnő ahhoz, hogy nyereséggel tudják valós pénzre váltani.

Az Ethereum technológia biztosítja az alapot, amelyre a tokenek épülnek. Ez a tokenek piacvezetője (egyelőre). Jelenleg több mint 70 000 token van az Ethereum hálózatán. A kalandvágyók számára több olyan oldal is létezik, ahol akár sajátot is létrehozhatnak.

A tokenek a valódi árucikkektől kezdve a blokklánc-ökoszisztémákban használt valutákig bármit képviselhetnek. Lényegében egy érme egy dolgot csinál, a programozható tokenek pedig sokféle funkciót tölthetnek be.

ERC20

Az ERC20 (Ethereum Request for Comment) a tokenek létrehozásakor követett irányelv. Ez szabványosítja a token okosszerződéseket, kiküszöbölve a tőzsdék és az online tárcák számára annak szükségességét, hogy minden egyes tokenhez egyedi kódot hozzanak létre. Az ERC20 tokeneket a legtöbb ICO is használja.

Valuta tokenek

Az eredeti valuta token a Bitcoin, és még mindig vezető szerepet tölt be. A valuta tokeneket úgy tervezték, hogy digitális készpénzként működjenek: Az áruk és szolgáltatások cseréjére használják őket, vagy a piacon kereskednek velük. Egyelőre nem törvényes fizetőeszközök, de meglátjuk, hogyan alakul a történetük. Értékük leginkább a spekuláción és a kereslet-kínálat szokásos feltételein alapul.

Utility Tokenek

Az Ethereum volt az első nagy utility token, és valuta tokenként is szolgálatot teljesít. A közüzemi tokenek több dolgot is lehetővé tesznek. Ez például az okos szerződések futtatását jelentheti a blokkláncon. A hasznossági tokeneket néha hálózati hozzáférési tokeneknek is nevezik. Hozzáférést biztosítanak valamihez, amit egy hálózat kínál.

Asset Tokenek

Valamilyen eszközt vagy terméket képviselnek. A tokenek tulajdonjogot vagy használati jogot is képviselhetnek. Fennáll annak a kockázata, hogy ha a mögöttes eszköz leértékelődik, akkor a token is leértékelődik. A nyilvánvaló cél az, hogy olyan dolgokat tokenizáljanak, amelyeknek várhatóan nő az értéke, és ez akár olyan hagyományos eszközöket is magában foglalhat, mint az arany.

Equity Tokenek

A részvényekhez hasonlóan az equity tokennel is egy bizonyos fokú tulajdonjogot lehet vásárolni egy szervezetben. Az equity token tulajdonjogot és ellenőrzést jelent. Az Ethereum alapú DAO volt az első jelentős equity token. A DAO tokenek tulajdonosai rendelkeztek ellenőrzési joggal a szervezet tevékenységei felett.

A saját tőke szabályai nem egyértelműek, attól függően, hogy kivel beszél. Javaslom, hogy forduljon ügyvédhez. Ha a token jutalmat vagy előnyt biztosít Önnek mások cselekedeteiből, vagy ha a token kizárólag mások cselekedeteiből származó pénzszerzéssel jár, akkor az lehet, hogy tőkének minősül (ez szabályozást hoz magával).

Hírnév és jutalom tokenek

Ezeket a hírnév vagy a jutalom szimbólumaként adják. Ezekkel lehet a blokkláncon megadni, hogy egy felhasználó vagy pénztárca valami különlegeset tett, vagy valaki különleges.

A hírnévjegy értéke abban rejlik, hogy bízhat abban, hogy a birtokában lévő személy az, akinek mondja magát.

Biztonsági tokenajánlatok?

A Security Token Offerings (STO-k) olyan szabályozott ajánlatok, amelyekben a kibocsátó programozható részvényeket értékesít a befektetőknek. Az STO-k további összetettséggel járnak, amely magában foglalja a sok papírmunkát, ügyvédeket, jegyzési garanciavállalást és szabályozást. Az STO-kat gyakran stabilabbnak és legitimebbnek tekintik, mint egyes ICO-kat, mivel előre biztosíthatják a befektetőket arról, hogy később kevésbé valószínű, hogy problémákba ütköznek.

A tokenek fejlődésének legújabb fejleményei (FYI)

ERC721: A digitális művészet vagy egyedi gyűjtemények blokkláncon történő telepítéséhez és blokkláncjáték-alkalmazásokhoz használt szabványos tokenként került elfogadásra.

ERC1155: A legújabb token, amely belép a blokkláncjátékok világába. Mindkettő nem fungibilis, minden token egyedi.

Token Evolúció (ERC20 FYI)

Ez egy kis extra azok számára, akik szeretnék tudni, hogy milyen irányelveket kell követni az ERC20 tokenek létrehozásához.

Teljes készlet: meghatározza a tokenek teljes készletét. Ha ez a határérték elérésre kerül, az intelligens szerződés leállítja a további tokenek kibocsátását.

Balance of: azt jelzi, hogy egy adott címnek hány tokenje van.

Transfer: elvesz egy bizonyos mennyiségű tokent a teljes készletből, és átadja egy felhasználónak.

Transfer From: a tokenek átvitelére használható két felhasználó között, akik rendelkeznek velük.

Approve: ellenőrzi, hogy a szerződése adhat-e bizonyos mennyiségű tokent egy felhasználónak.

Allowance: ellenőrzi, hogy egy felhasználónak van-e elég egyenlege ahhoz, hogy egy bizonyos mennyiségű tokent küldjön egy másik felhasználónak.

ICO MINŐSÍTÉSEK, MEGBÍZHAT BENNÜK?

A minősítések azért fontosak, mert a tapasztalatlan befektetők különösen bíznak az ICO minősítő platformokban, amikor befektetés előtt információt keresnek. A valóság az, hogy a tapasztaltabb piaci szereplők mindig is gyanakvással tekintettek a minősítő platformokra. Kezdjük azzal, hogy viszonylag könnyű megvásárolni az ICO minősítéseket, ezért az ICO oldalakon található minősítések sok-sok esetben nem függetlenek.

Az "ICO minősítések megbízható forrásból" egy változata annak, amit az ICO minősítő platformok hirdetnek a honlapjaikon, hogy elnyerjék az információt kereső befektetők bizalmát. Szép állítás, de a weboldalak vizsgálata azt mutatta, hogy egy ICO minősítés láthatósága nem mindig pártatlan. Az eredmények ijesztőek, a játékosok alapvetően "fizetnek a játékért. "

Sok platform nem más, mint marketingoldalak, amelyek a legmagasabb ajánlatot tevőknek adnak el.

Fizetésért cserébe elsőrangú listázási szolgáltatásokat kínálnak. Az ICO-k az ICO-áttekintésben első helyen szerepelhetnek, és különleges hirdetési célú levelekben is feltűnhetnek. Ha az ICO hajlandó fizetni, az oldal megakadályozhatja, hogy versenytársai megjelenjenek a fizető ICO profiloldalain. Ezeket a fizetett toplistás helyezéseket nem jelölik szponzoráltként.

Ha már van egy nem túl magas minősítése, nem ritka, hogy olyan szolgáltatások keresik meg, amelyek felajánlják, hogy növelik azt. Ne feledje, hogy a tapasztalatlan befektetők ezeket az információkat használják fel befektetési döntések meghozatalához, ami komoly probléma.

MIT TARTOGAT A BLOKKLÁNCOK JÖVŐJE?

Irányított aciklikus gráfok (DAG)

Az irányított aciklikus gráfok nem teljesen újak, 2015-ben mutatták be az első javaslatot, amely a blokklánc-technológiával ötvözte. Sergio Lerner mutatta be az ötletet egy projekttel, amin dolgozott, a projekt megbukott, de megnyitotta az ajtót a fejlesztők előtt, hogy a DAG koncepciót kibővítsék. A DAG-ok nem blokkláncok, nincs lánc, amely összekapcsolja az összes blokkot. Egyáltalán nincsenek blokkok, és az egyes csomópontokon lévő tranzakciókat nem kell szinkronizálni egymással. Ez lehetővé teszi, hogy a tranzakciók az egész hálózat megerősítése nélkül történjenek, jelentősen csökkentve a szokásos megerősítési időt.

Hogyan működnek a DAG-ok?

Egy DAG esetében nincs szükség bányászok jutalmára, és a végfelhasználónak nincs tranzakciós díja. A tranzakciók megerősítése egy olyan folyamaton keresztül történik, amelyben a felhasználó két korábbi tranzakciót erősít meg, hogy a saját tranzakcióit feldolgozhassák.

Minden tranzakció saját blokkként működik, és ezeket különböző helyeken, több eszközön lehet tárolni, mielőtt szinkronizálódnak a gráf valamelyik csomópontjával. A szinkronizálási folyamat frissíti a főkönyvet a gráfban lévő címek között lezajlott összes interakció végleges tranzakciós részleteivel.

Az IOTA valószínűleg a DAG technológia legismertebb alkalmazója. Ők Tangle néven hivatkoznak rá. A Tangle az a háló, amely az IOTA felhasználói hálózatát alkotja, akik egyszerre szolgálnak tranzakciót végrehajtóként és ellenőrként is. Egy tranzakció kibocsátásához a felhasználóknak más tranzakciók jóváhagyásán kell dolgozniuk. A feltételezés szerint a csomópontok biztosítják, hogy a jóváhagyott tranzakciók nem ütköznek egymással, és nem hagyják jóvá azokat, amelyekkel ütköznek. Minél több jóváhagyást kap egy tranzakció, annál elfogadottabbá válik a rendszerben.

Minden technológiának megvannak a maga gyenge pontjai. A DAG érmék azt állítják, hogy kvantumrezisztensek, de bizonytalan, hogy képesek-e túlélni egy 33%-os támadást. Ez az a számítási teljesítmény, amely egy Proof-of-Stake DAG hálózat megtámadásához és átvételéhez szükséges.

Aggályok merülnek fel azzal kapcsolatban is, hogy a DAG-hálózatok képesek-e teljesen decentralizáltak lenni. Mivel nem szükséges a hálózat összes csomópontja által végzett érvényesítés, több lehetőség van a visszaélésekre, amelyek közül a legfontosabb a kettős költés. E forgatókönyv elleni védelem érdekében számos DAG-projektben vannak koordinátor csomópontok. Ez egy központosított elemet hoz létre, és biztosítja a tranzakciók lineáris sorrendjét a DAG-on belül. Az IOTA fejlesztői a halozat védelme érdekében folyamatosan saját koordinátor csomópontot üzemeltetnek.

A DAG-okkal kapcsolatos centralizációs aggályok a Bitcoin és más kriptók esetében is fennállnak, amelyeket nagymértékben befolyásolhat egy kisszámú nagy kereskedő, az úgynevezett bálnák.

BLOKKLÁNC SZÓTÁR

Ebben a fejezetben található a blokklánc "szótár". Ezek azok a kifejezések és fogalmak, amelyek ismerete az előző fejezetek tartalma mellett véleményem szerint elengedhetetlen. A "készletben" a fogalmak kényelmesen, fejezetek szerint öszszeállítva találhatók. Tanulmányozza őket, és észrevehetően javítani fogja a blokklánc-technológia megértését.

Kétszeres költés: a kriptovaluták egyik lehetséges hibája az a kockázat, hogy a digitális valutát kétszer is el lehet költeni. Ez azért lehetséges, mert a token egy digitális fájlból áll, amely megduplázható vagy meghamisítható. A kriptográfiai technikákat a kettős költés megakadályozására használják, miközben megőrzik az anonimitást.

Fungibilitás: egy olyan áru vagy árucikk tulajdonsága, amelynek egyes egységei felcserélhetők. Például egy kiló tiszta arany egyenértékű bármely más kiló tiszta arannyal, akár érme formájában, akár más állapotban, az arany helyettesíthető. További helyettesíthető példák: nyersolaj, részvények, kötvények, valuták. A gyémánt nem az, mivel mindegyik egyedi.

EOS: lehetővé teszi a fejlesztők számára blokklánc alkalmazások létrehozását. A skálázható és programozható EOS-t "Ethereum on Steroids"-nak nevezik. Az EOS blokklánc kiküszöböli a tranzakciós díjakat, és képes másodpercenként több millió tranzakció feldolgozására.

Casper + Sharding: a következő években az Ethereumban bekövetkező jelentős változás a javaslat, hogy a Proof-of-Workről Proof-of-Stake-re váltsanak (a Casper részeként), és a hálózatot számos partícióra, úgynevezett shardokra bontják. Minden egyes shard önálló állapottal és tranzakciótörténettel rendelkezne. A hálózat hitelesítői nem lennének felelősek az összes tranzakció kezeléséért; ehelyett az egyes shardokon belüli jegyzők lennének felelősek a saját shardjukért.

Ethereum Viper: az Ethereum által létrehozott projekt. Ez egy kísérleti programozási nyelv. Ez egy alternatív módja annak, hogy a jövőben az Ethereum ökoszisztéma projektjeit építsük. Egyelőre a Solidityvel való kódolás marad az ökoszisztéma elsődleges programozási nyelve.

MakerDAO: az Ethereum blokkláncra épülő egyik legjelentősebb decentralizált autonóm szervezet (DAO). Egyik fő termékük a DAI stablecoin (stabil érme), amely egy kriptopénzzel fedezett stablecoin.

Kvantumszámítógépek: 2018-ban a tényleges kvantumszámítógépek fejlesztése még mindig gyerekcipőben jár. A nagyméretű kvantumszámítógépek elméletileg képesek lennének bizonyos problémákat lényegesen gyorsabban megoldani, mint a hagyományos számítógépek. Egy kvantumszámítógép hatékonyan meg tudna törni számos ma használatos kriptográfiai rendszert. Ezeket a rendszereket titkosított e-mailek, biztonságos weboldalak és sok más típusú adat védelmére használják. Ezek feltörése jelentős következményekkel járna az elektronikus biztonságra nézve.

Hashing: amikor egy felhasználó biztonságos üzenetet küld, a tervezett üzenetről egy hash-t generálnak és titkosítanak, amelyet az üzenettel együtt küldenek el. Amikor az üzenet megérkezik, a címzett a hash-t és az üzenetet is visszafejti. Ezután a címzett az üzenetből egy másik hash-t hoz létre. Ha a két hash összehasonlításakor a két hash azonos, akkor biztonságos átvitel történt. Ez a hashelési folyamat biztosítja, hogy az üzenetet nem módosíthatja illetéktelen végfelhasználó.

Quorum Blockchain: A J.P. Morgan által kifejlesztett Quorum az egyik első jelentős lépés a blokklánc pénzügyi iparágak közötti általános elfogadása felé. A Quorum egy engedélyköteles blokklánc-infrastruktúra, amelyet kifejezetten pénzügyi felhasználási esetekre terveztek.

Cardano Blockchain: Az Ethereumhoz hasonlóan a Cardano is egy okosszerződés-platform, azonban a Cardano nagyobb skálázhatóságot kínál.

Dapp: Decentralizált alkalmazások. A dappok az intelligens szerződésekkel szinergiában működnek, és az automatizált közvetítő szerepét töltik be. A szerződések világában, amikor egy megállapodás létrejön, a közvetítő biztosítja a megállapodás feltételeinek betartását. Egy Dapp ugyanezt a funkciót látja el a blokkláncot használva a bróker helyettesítésére.

DAU-k: Napi aktív felhasználók

DAD-ek: Napi aktív fejlesztők

Stablecoin-ok: olyan kriptovaluták, amelyek megpróbálnak stabil árfolyamot fenntartani; a legtöbbjük 1 amerikai dollárhoz próbálja kötni az árfolyamát, de elméletileg bármihez, például egy árukosárhoz is köthetnék. A kriptoközösségben sokan szkeptikusak azzal kapcsolatban, hogy működni fognak.

Airdrop-ok

Airdrop: az airdrop az a folyamat, amikor egy kriptopénz-csapat kriptopénz-tokeneket oszt szét néhány felhasználó pénztárcájába ingyenesen. Az airdropokat általában blokklánc startupok végzik, hogy fellendítsék projektjeiket.

Airdrop okai:

Hűséges ügyfelek jutalmazása: A blokklánc-szolgáltatások, például a kriptopénz-tőzsdék, kereskedési platformok, pénztárca-szolgáltatók stb. meg kívánják jutalmazni ügyfeleiket és előfizetőiket. Ez olyan ösztönzőként szolgál, amely segíthet az ügyfelek megtartásában és lojalitásuk kialakításában.

Vezető adatbázis bővítése: a blokklánc cégek az airdrop-okat arra használhatják, hogy értékes vezetői adatbázist hozzanak létre növekvő szervezeteik számára. Az ingyenes kriptovaluta tokenekért cserébe a felhasználókat arra kérik, hogy töltsenek ki online űrlapokat, amelyek értékes felhasználói információkat (e-mail címeket) tartalmaznak, amelyeket marketingkampányok kidolgozásához használhatnak fel.

Egy új kriptovaluta megismertetése: egy új kriptovaluta teljesen észrevétlen maradhat, ha nem kap megfelelő lendületet a jelentős marketingkampányok formájában. Mivel a kriptopénzek rajongói új kriptopénz lehetőségeket keresnek, egy airdrop egy módja annak, hogy az emberek érdeklődését felkeltse egy új kriptó iránt.

Konszenzusos módszerek:

Proof-of-Work: az első és legszélesebb körben használt módszer a konszenzus létrehozására. A Proof-of-Work konszenzus lényege, hogy minden egyes csomópontnak egy rendkívül összetett egyenletet kell kitöltenie az egyes blokkok befejezéséhez.

Az egyenlet összetettségének célja, hogy minden egyes csomópont jelentős mennyiségű feldolgozási teljesítményt és villamos energiát kénytelen fordítani a megoldáshoz. A blokk megoldásáért cserébe minden csomópont blokkjutalmat kap, amely jellemzően kriptopénz formájában érkezik a tranzakciós díjakon felül. Ezt a folyamatot bányászatnak nevezzük, és az ezt választó csomópontokat bányászoknak nevezzük. A konszenzusos rendszer szabályozása érdekében, ha egy bányász más választ kap, mint az ugyanazon a blokkon dolgozó többi bányász, a válaszát elutasítják. A bányászok nem akarnak jutalom nélkül feldolgozási teljesítményt és áramot használni, ezért gazdasági ösztönzést kapnak a helyes válaszok megadására.

Egy Proof-of-Work rendszerben az egyetlen módja a csalásnak, ha a főkönyvek több mint 51%-át ellenőrzi, ami megegyezik a platformhoz rendelt teljes feldolgozási teljesítmény több mint 51%-ának birtoklásával. Még ezzel az előnnyel is rendkívül nehéz lenne megváltoztatni a múltbeli tranzakciókat, és gyakorlatilag lehetetlen lenne néhány blokknál tovább módosítani a tranzakciókat.

Egy bányász, aki a feldolgozási teljesítmény több mint 51%-át ellenőrzi, nemcsak a tranzakciók végrehajtását akadályozhatja meg, hanem a tranzakciókat is visszafordíthatja. Ez a szintű ellenőrzés hatalmas mennyiségű tőkét igényelne (a becslések szerint félmilliárd dollár körül mozog), ezért nincs sok gazdasági értelme egy bányásznak, hogy megpróbálkozzon egy ilyen rendszerrel.

Minél nagyobb számítási teljesítményhez fér hozzá egy bányász, annál valószínűbb, hogy a többi bányász előtt elsőként képes helyesen megoldani az összetett egyenletet, és megnyerni a blokkjutalmat. Kialakult az a bevett gyakorlat, hogy sok bányász összefog, és feldolgozási teljesítményüket egy "bányász pool"-ba egyesítik. "Ezzel a módszerrel a bányászok általában képesek állandó jövedelmet generálni, szemben a szórványos és kiszámíthatatlan jövedelemmel.

Bányászati szempontból a blokkok nehézsége azt jelenti, hogy az egyes blokkok egyenletei mennyire nehezen oldhatók meg. Ha a blokkok megoldása túl lassan történik, akkor a blokk nehézsége csökken. Ha a blokkok megoldása túl gyorsan történik, akkor a blokk nehézsége megnő.

A jó oldala:

- A Proof-of-Work konszenzus tőkeigényes, és a csomópontok üzemeltetőinek nagymértékben be kell fektetniük az általuk bányászott kriptopénzbe. Ez egyben gazdasági intézkedésként is működik a csalás ellen.

- A bányászat által kínált potenciális nyereség több csomópont létrehozásához vezet, ami növeli a teljes számítási teljesítményt, javítja a hálózat biztonságát.

A nem annyira jó oldala:

- A Proof-of-Work konszenzus hatalmas mennyiségű energiát használ. Összehasonlításképpen: egy PoW konszenzust használó tranzakció hasonló mennyiségű energiát használ fel, mint egy átlagos háztartás 24 óra alatt.

- A PoW konszenzus jellemzően lassabb tranzakció-visszaigazolási idővel rendelkezik, mint más konszenzusmódszerek.

Példák a PoW kriptovalutákra:

- Bitcoin
- Litecoin
- Bitcoin Cash

Proof-of-Stake (PoS): olyan konszenzusos módszer, amelyben nincsenek bányászok. Ehelyett a csomópontokat csupán kiválasztják a tranzakciók feldolgozására, anélkül, hogy bonyolult egyenleteket kellene kiszámítani és megoldani. A Proof-of-Stake rendszerben a többi csomópont ellenőrzi a blokkot. A csalás megelőzése érdekében a Proof-of-Stake rendszerben a csomópontoknak egy adott mennyiségű valutát egy virtuális széfbe kell zárniuk. Ezt a valutát büntetésként elveszítik, ha bármilyen szabálytalanságot észlelnek. Ezt a folyamatot Stakingnek nevezik, és úgy tekinthető, hogy hasonlóan működik, mint a Proof-of-Work rendszerekben a bányászat, de a hatalmas energiaráfordítás nélkül. Minél több valutát tesz fel egy csomópont, annál nagyobb az esélye, hogy kiválasztják a következő blokk létrehozására. Ez azt is jelenti, hogy azok a csomópontok, amelyek megpróbálják becsapni a rendszert, többet veszíthetnek a folyamat során.

A jó oldala:

- A PoS gyorsabb visszaigazolási időt kínál, mint a PoW

- A Proof-of-Stake több tranzakciót hajt végre másodpercenként, mint a Proof-of-Work platformok.

A nem annyira jó oldala:

- Továbbra is számos megválaszolatlan kérdés merül fel a Proof-of-Stake rendszerek biztonságával kapcsolatban.

Példák a PoS kriptovalutákra:

- Peercoin
- Ethereum

Proof-of-Importance (PoI): a felhasználók kötelesek fedezetként egy meghatározott mennyiségű valutát biztosítani, hogy csomóponttá válhassanak. A fontossági pontszámuktól függ annak az esélye, hogy ők lesznek a blokk létrehozására és a díjak igénylésére kiválasztott csomópont. A PoI-ban egy csomópont fontossági pontszámát az határozza meg, hogy milyen gyakran használja a hálózatot és milyen gyakran ad hozzá. Azok a csomópontok, amelyek nagy mennyiségű valutát küldenek, gyakran a legmagasabb fontossági pontszámot kapják.

A jó oldala:

- Az értékbizonyításos konszenzus ösztönzi a kriptopénz fizetőeszközként való használatát.

- A PoI azokat a felhasználókat jutalmazza, akik nagymértékben befektetnek a valutába.

- A "Proof-of-Importance" módszer biztonságosnak és hatékonynak tűnik.

- Könnyen skálázható

A nem annyira jó oldala:

- A fontossági pontszám meghatározására használt összetett módszer elriaszthatja az új befektetőket.

Példák a PoI kriptovalutákra:
- NEM

Delegált bizánci hibatűrés (dBFT): A delegált bizánci hibatűrésnél a csomópontokat delegált részvényesek hozzák létre. Ahhoz, hogy egy csomópontot megválaszthassanak, a valutájuk egy részét fel kell tenniük. A delegált bizánci hibatűrésnél a csomópontokat egyenlően súlyozzák.

Minden egyes csomóponthoz, amelyet a felhasználó ellenőrizni kíván, egy minimális összegű valutát kell biztosítékként használni. Ez drágítja a több csomópont irányítását, és valószínűtlenebbé teszi, hogy ezek közül az extra csomópontok közül bármelyiket is megválasztják. A dBFT konszenzusban a részvényesek nagyobb valószínűséggel választják meg azokat a csomópontokat, amelyek az alacsonyabb tranzakciós díjakat kínálják.

Ez a demokratikus konszenzusos technika elősegíti a hálózat használatát és csökkenti a használati díjakat. A dBFT által generált alacsony tranzakciós díjak csökkentik a csomóponttá válás által kínált teljes profitprofilt, megakadályozva a potenciális visszaélőket abban, hogy a csomópontok létrehozásával hatalmas profitot érjenek el. A delegált bizánci hibatűrési módszerben nincs bányászat. A pénzügyi előnyök a csomópontoknak fizetett tranzakciós díjak formájában jelentkeznek.

A jó oldala:

- Nagyon gyors megerősítési idők
- A dBFT magas tranzakció/másodperc kapacitást kínál

- Nagyon alacsony tranzakciós díjak – a dBFT jelenleg tranzakciódíj-mentes

A nem annyira jó oldala:

- A dBFT technikát még nem tesztelték nagy léptékben.

Példák a dBFT kriptovalutákra:

- NEO

Tangle: technikailag nem blokklánc. A Tangle konszenzusos módszer egy olyan rendszert használ, amely arra támaszkodik, hogy a hálózat minden felhasználója csomópontként működik. Mielőtt egy felhasználó megerősíthet egy tranzakciót, a felhasználónak két vagy több másik tranzakciót kell érvényesítenie.

Miután a felhasználó két korábbi tranzakciót érvényesített, egy második felhasználó a saját tranzakciós folyamatának részeként érvényesíti az első tranzakciót. Ebben az értelemben a Tangle konszenzusos módszer közelebb áll a tranzakciók hálózatához, szemben a blokkok láncolatával rendelkező blokklánccal.

A Tangle felépítése ingyenes és azonnali tranzakciókat biztosít a felhasználók számára, és ez jól skálázható. Továbbra is számos kérdés merül fel a biztonsággal kapcsolatban, és fennáll az a probléma, hogy az egész hálózathoz továbbra is szükség van szuperközpontokra, amelyek moderálják és felügyelik a hálózatot.

A jó oldala:

- Azonnali tranzakciók

- Ingyenes tranzakciók

- A Tangle konszenzus alacsony számítási teljesítményigénye miatt megfelelő az alacsony feldolgozási kapacitású eszközökhöz, például okostelefonokhoz.

A nem annyira jó oldala:

- A Tangle jelenleg kevésbé tűnik biztonságosnak, mint más konszenzusos módszerek.

- A Tangle hálózat egy koordinátort használ, amely úgy tekinthető, mint egy felügyelő, aki irányítja a hálózatot, amíg az elég nagy nem lesz ahhoz, hogy önállóan működjön. Bizonytalanság van azzal kapcsolatban, hogy a koordinátor kikapcsolása után a Tangle-hálózat milyen hatékonyan fog működni.

Példák a Tangle kriptovalutákra:

- IOTA

ÖSSZEGZÉS

Köszönjük, hogy eljutott a *Blokklánc: Valós alkalmazások és működésük* végéig. Reméljük, hogy informatív volt, és az oldalak képesek voltak olyan ismereteket nyújtani Önnek, amelyekkel elérhette a célt, hogy bővítse a blokkláncokkal kapcsolatos ismereteit. A következő lépés, ahogy azt a könyveimben mindig javaslom, hogy tegyen lépéseket, és olvasson többet, vagy akár vegyen részt valamelyik tanfolyamomon.

A többi könyvem, amelyek bizonyítottan segítik a szakembereket és a befektetőket, a következők: A *Forex technikai elemzésének magyarázata* és az *Expert Advisor programozása kezdőknek: Maximális MT4 Forex nyereség stratégiák.*

A SZERZŐ PROFILJA

Wayne **Walker** egy globális tőkepiaci oktatási és tanácsadó cég (gcmsonline.info) vezetője. Több éves tapasztalattal rendelkezik befektetési tanácsadói csapatok vezetésében és felkészítésében, és a Bench Mark Earnings (BME) alapján a legjobban teljesítő csapatokat irányította a privát ügyfélcsoportban.